AF349854

LETTRES PATENTES

DV ROY, REGISTRE'ES EN

Parlement, Par lesquelles l'Vniuersité de Paris est maintenuë au droict de pouruoir des Messagers ordinaires, & les Messagers par elle pourueus au pouuoir de faire toutes fonctions de Messagerie ; auec attribution de Iurisdiction sur le faict desdites Messageries, circonstances & dependances, pour le regard de ladite Vniuersité à ladite Cour de Parlement; Et pour le regard des particuliers Messagers, au Preuost de Paris : Et interdiction à tous autres Iuges d'en connoistre.

A PARIS,

Chez IVLIAN IACQVIN, ruë des Massons, prés Sorbonne.

M. DC. XLV.

*LETTRES PATENTES DV ROY,
regiſtrées en Parlement, Par leſquelles
l'Vniuerſité de Paris eſt maintenuë au
droiĉt de pouruoir des Meſſagers ordinaires; Et les Meſſagers par elle pourueus, au
pouuoir de faire toutes fonĉtions de Meſſagerie; auec attribution de Iuriſdiĉtion
ſur le faiĉt deſdites Meſſageries, circonſtances & dependances, pour le regard de
ladite Vniuerſité à ladite Cour de Parlement; Et pour le regard des particuliers
Meſſagers, au Preuoſt de Paris: Et in-
terdiĉtion à tous autres Iuges d'en con-
noiſtre.*

OVIS PAR LA GRACE
DE DIEV ROY DE
FRANCE ET DE NA-
VARRE: A tous ceux qui
ces preſentes Lettres ver-
ront, Salut. Noſtre tres-chere & bien
aimée Fille aiſnée l'Vniuerſité de Paris,
Nous a fait remonſtrer qu'entre les droiĉts
& Priuileges dont les Rois nos predeceſ-

seurs l'ont honorée, l'vn des plus anciens &
considerables cõsiste au pouuoir de nõmer
& pouruoir deux sortes de Messagers, les
vns pour les Dioceses tant de ce Royaume,
que des Pays estrangers, qui doiuent estre
Bourgeois de nostre bonne Ville de Paris,
residés & soluables, pour subuenir aux ne-
cessitez desMaistres & Escoliers originaires
des Dioceses, pour lesquels chacũ d'eux est
estably, sans pouuoir en cette qualité faire
voyages ni fonctions de Messagerie pour
autres : Et sont appellez grands Messagers,
tãt à cause de leur cõdition, que de l'esten-
duë des limites de leurs tiltres : Les autres
nommez Petits ou ordinaires, pour les Villes & lieux de nos Royaumes, Païs, Terres
& Seigneuries de nostre obeissance, auec
droict & pouuoir de faire voyages à iours
reglez & ordinaires, & toutes fonctions de
Messagerie, sans exception quelconque,
pour toutes sortes de persónes indifferem-
ment, porter lettres, paquets, or & argent,
Informations & Enquestes, Procez ciuils
& criminels, faire les voitures de toutes
marchandises & denrées; & generalement
de tout ce qui leur est confié, conduire les
voyageurs : Et à cet effect tenir bureaux
ouuerts, tant en nostre bonne Ville de Pa-

ris, qu'aux lieux de leurs tiltres. Que ce
droict luy est aussi ancien que le nō d'Vniuersité, & mesme luy a esté cōfirmé par les
Rois nos predecesseurs, sans iamais y auoir
esté troublée sous quelque pretexte que ce
soit, iusques à ce que le Roy Henry III. ayāt
par son Edict du mois de Nouembre 1576.
creé vn ou deux Messagers pour les Baillia-
ges, Seneschaussées & Elections ressortis-
sants nuëment & sans moyen en nos Cours
de Parlement & des Aydes, auec attributiō
des mesmes droicts, dont ioüissoient ceux
de nostredite Fille; Ceux qui auoient traité
desdits Offices voulurent troubler les Messagers de nostredite Fille, & les obliger à
payer fināce, pour demeurer en l'exercice
de leurs charges : Ayant à cette fin obtenu
lettres de Declaratiō du mois de May 1582.
Lesquels troubles le Roy Henry IIII. nostre
Ayeul, de glorieuse memoire, auroit fait
cesser par ses Lettres de Declaration du 9.
Aoust 1597. par lesquelles en interpretant
l'Edit du mois de Nouēb. 1576. il auroit de-
claré que son intentiō n'estoit que les Messagers de nostredite Fille y fussent cōpris,
les auroit maintenus puremēt & simplemēt
en l'exercice libre, plein & entier de leurs
charges : Que toutes & quantesfois qu'on

A iij

Iuy a voulu contefter ce droict fous quelque couleur & pretexte que ce foit, elle
y a toufiours efté maintenuë par plufieurs
Arrefts de nos Confeils, Cour de Parlement de Paris, & grand Confeil, & par les
Iugements de tous nos Iuges, pardeuant
lefquels elle ou fefdits Meffagers ont efté
traduits & oüis: Qu'apres plufieurs procez
elle auroit enfin obtenu deux Arrefts de
Reglement general en noftre Confeil d'E-
ftat des 14. Decembre 1641. & 29. Mars
1642. qui auroient efté enregiftrez en noftre Cour de Parlement de Paris, fur Lettres patentes obtenuës du feu Roy, de glo-
rieufe memoire, noftre tres-honoré Seigneur & Pere, & de Nous: Depuis lefquels
Nous auons par noftre Edict du mois de
Decembre 1643. creé trois Offices hereditaires, Ancien, Alternatif & Triennal,
de Controlleurs Pefeurs Taxeurs de ports
de lettres & paquets en tous les Bureaux
des Poftes, auec attribution du quart en
fus du port de lettres & paquets à l'inftar
des Greffiers, deux Meffagers en toutes
les Villes & Bourgs de noftre Royaume,
où il n'y en a point eu iufques à prefent
d'establis, pour ioüir des mefmes droicts
& fonctions que les autres Meffagers de

noſtre Royaume. Sur toutes & chacunes leſquelles Meſſageries & de noſtredite Fille, Nous auons pareillement creé trois ſemblables Offices hereditaires de Controlleurs Peſeurs Taxeurs, Ancien, Alternatif & Triennal, auec attribution pareillement dudit droict de quart en ſus des ports de lettres & paquets portez par la voye deſdites Meſſageries. Pour l'execution duquel Edict, Nous aurions par Arreſt donné en noſtre Conſeil d'Eſtat le cinquiéme dudit mois de Decembre 1643. Ordonné que les Proprietaires deſdites Meſſageries rapporteroient leurs tiltres, & reduit les fonctions des Meſſagers de noſtredite Fille, ſuiuant l'Arreſt donné en noſtre Conſeil le douziéme Decembre 1640. en luy rembourſant la ſomme de quarante mil liures, & autres conditions y contenuës : De quoy noſtredite Fille Nous ayant rendu plainte, Nous par Arreſt de noſtre Conſeil d'Eſtat donné le 19. Nouembre 1644. l'aurions receu oppoſante à l'execution deſdits Arreſt & Edict du mois de Decembre 1643. Ordonné que les Arreſts des 14. Decembre 1641. & 29. Mars 1642. regiſtrez en noſtre Cour de Parlement, ſeroient executez ; & ce fai-

fant, maintenu les Meſſagers de ñoſtre-
dîte Fille en toutes fonctions de Meſſagerie, comme plus à plein eſt porté par
ledit Arreſt ; Et ſurſis à l'eſtabliſſement
des Meſſagers creez par iceluy Edict du
mois de Decembre 1643. Et ſi aucuns
auoient eſté pourueus, fait defenſes d'e-
xercer. Et auparauant faire droict ſur la
deſcharge requiſe par noſtredite Fille deſdits Offices de Controlleurs Peſeurs Taxeurs, enſemble du droict de quart en ſus
à eux attribué des ports de lettres & paquets portez par la voye de ſeſdits Meſſagers, Aurions ordonné que le Traittant
repreſenteroit en noſtre Conſeil les Trai-
tez, Souſtraitez, quittance de finance ou
ampliation d'icelles ; A quoy ayant eſté
ſatisfait, par autre Arreſt de noſtredit Conſeil d'Eſtat donné le dernier du mois de
Decembre 1644. Aurions reuoqué iceluy
Edict du mois de Decembre 1643. en ce
qui concerne la creation, tant deſdits Offices de Controlleurs Peſeurs Taxeurs,
auec attribution du droict de quart en ſus
ſur les lettres & paquets portez par la voye
des Meſſagers pourueus par Nous & noſtredite Fille, que deſdits deux Meſſagers en chacune des Villes & Bourgs de ce

Royaume, où il n'y en a point encore
d'establis. A CES CAVSES, de-
sirans fauorablement traitter nostredite
Fille, la faire ioüir du benefice de ladite
reuocation, rendre icelle publique & no-
toire, ensemble faire cesser tous troubles
& empeschemens qu'on luy pourroit faire
sous quelque pretexte & occasion que ce
soit en la ioüissance desdits droicts & à ses-
dits Messagers en l'exercice & fonctions
de leurs charges: De l'aduis de nostre tres-
honorée Dame & Mere la Reine Regente,
de nostre tres-cher & tres-aimé Oncle le
Duc d'Orleans, de nostre tres-cher Cou-
sin le Prince de Condé, & de nostre Conseil, auquel il est apparu desdits Arrests,
Nous auons par ces presentes signées de
nostre main, reuoqué & reuoquons no-
stredit Edict du mois de Decembre 1643.
& l'Arrest de nostre Conseil du cinquiéme
iour desdits mois & an, en ce qui concerne la creation tant desdits Offices de Controlleurs Peseurs & Taxeurs des ports de
lettres & paquets portez par tous les Messagers pourueus par Nous & nostredite
Fille, auec l'attribution dudit droict de
quart en sus, que de deux Offices de Messagers en chacune des Villes & Bourgs du

Royaume, où il n'y en a point encore d'e-
ftablis. Voulons & ordonnons que les
Meſſagers pourueus par noſtredite Fille
ioüiſſent pleinement & paiſiblement de
leurs Offices, facent comme ils ont touſ-
iours eu droict de faire par le paſſé, generalement toutes fonctions de Meſſagerie
pour toutes ſortes de perſonnes & affaires,
de quelque qualité qu'elles ſoient, ſans exception ny reſeruation quelconque, concurremment auec les Meſſagers qui ont
eſté par Nous & nos predeceſſeurs & ſe-
ront cy-apres pourueus ſuiuant l'Edict du
mois de Nouembre 1576. que nous voulons eſtre executé ſelon ſa forme & teneur; Et ce conformément auſdits Arreſts
de noſtre Conſeil d'Eſtat des 19. Nouembre & dernier Decembre 1644. cy atta-
chez ſous noſtre contreſeel; Et en ce faiſant, qu'ils puiſſent faire voyages à iours
ordinaires & reglez, porter lettres, paquets, or & argent, Enqueſtes, Informations, Procez criminels & ciuils, faire les
voitures de toutes denrées & marchandiſes, & generalement de tout ce qui leur
ſera confié, conduire toutes ſortes de perſonnes; Et à cet effect tenir bureaux ouuerts tant en noſtre bonne Ville de Paris,

qu'aux lieux de leurs Tiltres: Voulons que
noſtredite Fille & les Meſſagers par elle
pourueus ne puiſſent eſtre traduits, pour
raiſon deſdites Meſſageries, circonſtances
& dependances, ſçauoir, leſdits Meſſagers
que pardeuant noſtre Preuoſt de Paris, ou
ſon Lieutenant Conſeruateur des Priuileges de noſtredite Fille; & icelle noſtredite Fille, qu'en noſtre Cour de Parlement de Paris, à laquelle en tant que beſoin eſt ou pourroit eſtre, Nous en auons
attribué & attribuons toute Cour, Iuriſdiction & connoiſſance, & icelle interdite
à tous autres Iuges. SI DONNONS
EN MANDEMENT à nos amez &
feaux Conſeillers les Gens tenans noſtre
Cour de Parlement de Paris, Preuoſt dudit lieu, ou ſes Lieutenans, & à tous autres nos Officiers & Iuſticiers qu'il appar-
tiendra, que ces preſentes ils facent lire,
publier & regiſtrer, & du contenu en icelles, ioüir noſtredite Fille, leſdits Meſſagers
& leurs ſucceſſeurs pleinement & paiſiblement, ſans en ce leur faire mettre, don-
ner, ny ſouffrir eſtre faict, mis ou donné
aucun trouble ou empeſchement : Et
d'autant que l'on pourra auoir affaire de
ces preſentes en pluſieurs & diuers lieux,

Nous voulons qu'aux vidimus & colla
tions d'icelles faictes par l'vn de nos ame
& feaux Conseillers Notaires & Secre
taires, foy soit adjoûtée comme au pre
sent Original : C a r tel est nostre plaisir
nonobstant quelconques Lettres, restri
ctions, mandemens & defenses à ce con
traires, ausquelles Nous auons en tant que
besoin seroit dérogé & dérogeons par ces
dites presentes, que Nous auons voulu si-
gner de nostre main, & authoriser de l'ap-
position de nostre Sceau. D O N N E' à
Paris le 15. iour de May, l'An de grace
1645. & de nostre Regne le troisiéme.
Signé, L O V I S : Et sur le reply, Par le
Roy, la Reine Regente sa Mere presente,
D e L o m e n i e.

*Registrées, ouy le Procureur general du
Roy, pour estre executées selon leur forme
& teneur. A Paris en Parlement le 29. iour
de May 1645. Signé, DV TILLET.*

Extrait des Registres de Parlement.

V EV par la Cour, les Lettres patentes du Roy, données à Paris le 15.
iour de May 1645. signées L O V I S : Et

fur le reply, Par le Roy, la Reine Regente
fa Mere prefente, DE LOMENIE : & fcel-
lées du grand Sceau fur fimple queuë de
cire jaune. Par lefquelles & pour les cau-
fes y contenuës, Ledit Seigneur, de l'aduis
de ladite Dame Reine Regente, de fon
tres-cher Oncle le Duc d'Orleans, de fon
tres-cher Coufin le Prince de Condé, &
de fon Confeil, Auroit reuoqué fon Edict
du mois de Decembre 1643. & l'Arreft de
fon Confeil du cinquiéme defdits mois &
an, en ce qui concerne la creation tant des
Offices de Controlleurs Pefeurs & Taxeurs de ports de lettres & paquets portez
par les Meffagers pourueus par fa Maiefté
& l'Vniuerfité de Paris, auec l'attribution
du droict de quart en fus, que des deux Offices de Meffagers en chacune des Villes
& Bourgs du Royaume, où il n'y en a point
eu d'eftablis. VEVT & ordonne, que lés
Meffagers pourueus par ladite Vniuerfité
ioüiffent pleinement de leurs Offices, facent comme ils ont toufiours eu droict de
faire par le paffé, generalement toutes
fonctions de Meffageries, pour toutes for-
tes de perfonnes & affaires, de quelles qua-
litez & conditions qu'elles foient, fans exception & referuation, concurremment

auec les Meſſagers pourueus par ſadi[te]
Maieſté ſuiuant l'Edict du mois de No[-]
uembre 1576. & en ce faiſant, qu'ils pui[ſ-]
ſent faire voyages à iours ordinaires & re[-]
glez, porter lettres, paquets, or, argen[t]
Enqueſtes, Informations, procez crim[i-]
nels & ciuils, faire les voitures de toute[s]
denrées & marchandiſes, & de tout ce q[ui]
leur ſera confié, conduire toutes ſortes d[e]
perſonnes, tenir bureaux ouuerts en cett[e]
Ville de Paris & lieux de leurs Tiltres.
Et que ladite Vniuerſité & les Meſſager[s]
par elle pourueus, ne puiſſent eſtre tra[-]
duits pour raiſon deſdites Meſſageries, cir[-]
conſtances & dependances, ſçauoir, leſ[-]
dits Meſſagers que pardeuant le Preuoſt d[e]
Paris, ou ſon Lieutenant, Conſeruateur de[s]
Priuileges de ladite Vniuerſité; & icell[e]
Vniuerſité en ladite Cour, à laquelle ſa Ma[-]
ieſté en tant que beſoin eſt, en a attribu[é]
toute Cour, Iuriſdiction & connoiſſance,
& icelle interdite à tous autres Iuges, ainſ[i]
& comme plus au long le contiennen[t]
leſdites Lettres. Requeſte preſentée à la[-]
dite Cour par les Recteur, Doyens & Sup[-]
poſts de ladite Vniuerſité de Paris, afi[n]
d'enregiſtrement deſdites Lettres. Con[-]
cluſions du Procureur general du Roy : E[t]

tout confideré. LA COVR a ordonné & ordonne, que lefdites Lettres feront regiftrées au Greffe d'icelle, pour eftre executées felon leur forme & teneur. FAIT en Parlement le vingt-neufiéme May mil fix cens quarante-cinq.

Signé,   DV TILLET.

Collationné aux Originaux par moy Confeiller, Notaire & Secretaire du Roy, & de fes Finances.